AF282957

Sensibilización en materia de sostenibilidad. FCOA07

Leyre Sánchez Barrionuevo

ic editorial

Sensibilización en materia de sostenibilidad. FCOA07
© Leyre Sánchez Barrionuevo

1ª Edición

© IC Editorial, 2025

Editado por: IC Editorial
c/ Cueva de Viera, 2, Local 3
Centro Negocios CADI
29200 Antequera (Málaga)
Teléfono: 952 70 60 04
Fax: 952 84 55 03
Correo electrónico: iceditorial@iceditorial.com
Internet: www.iceditorial.com

IC Editorial ha puesto el máximo empeño en ofrecer una información completa y precisa. Sin embargo, no asume ninguna responsabilidad derivada de su uso, ni tampoco la violación de patentes ni otros derechos de terceras partes que pudieran ocurrir. Mediante esta publicación se pretende proporcionar unos conocimientos precisos y acreditados sobre el tema tratado. Su venta no supone para **IC Editorial** ninguna forma de asistencia legal, administrativa ni de ningún otro tipo.

Reservados todos los derechos de publicación en cualquier idioma.

Cualquier forma de reproducción, distribución, comunicación pública o transformación de esta obra solo puede ser realizada con la autorización de sus titulares, salvo excepción prevista por la ley. Diríjase a CEDRO (Centro Español de Derechos Reprográficos) si necesita fotocopiar o escanear algún fragmento de esta obra (www.cedro.org).

Según el Código Penal, el contenido está protegido por la ley vigente que establece penas de prisión y/o multas a quienes intencionadamente reprodujeren o plagiaren, en todo o en parte, una obra literaria, artística o científica.

ISBN: 978-84-1184-906-7
Depósito Legal: MA 940-2025

Impresión: PODiPrint
Impreso en Andalucía – España

Nota de la editorial: IC Editorial pertenece a Innovación y Cualificación S. L.

Especialidad formativa

Se entiende por especialidad formativa la agrupación de contenidos, competencias profesionales y especificaciones técnicas que responde a un conjunto de actividades de trabajo enmarcadas en una fase del proceso de producción y con funciones afines.

Las especialidades formativas de Uso General, Formación Complementaria, Formación Modular y las especialidades formativas dirigidas a la obtención de certificados de profesionalidad se incluyen en el Fichero de Especialidades del Servicio Público de Empleo Estatal para su gestión en todo el territorio nacional por cualquier Administración competente.

Las especialidades complementarias, pertenecen todas a la Familia profesional de Formación Complementaria (FCO) y tienen la consideración de formación transversal en áreas que se consideran prioritarias tanto en el marco de la Estrategia Europea para el Empleo y del Sistema Nacional de Empleo como en las directrices establecidas por la Unión Europea. Se consideran áreas prioritarias las relativas a tecnologías de la información y la comunicación, la prevención de riesgos laborales, la sensibilización en medio ambiente, la promoción de la igualdad, la orientación profesional y aquellas otras que se establezcan por la Administración competente.

Las especialidades de Certificado de profesionalidad tienen una duración especificada en su normativa reguladora.

En el resultado de la búsqueda, se muestran las unidades de competencia, todos los módulos formativos con su duración y las unidades formativas del certificado correspondiente, con su duración. Las horas del certificado, exclusivo de las especialidades de certificado de profesionalidad, con alta igual o superior a 2008, son las horas totales más las horas del módulo de Prácticas Profesionales no Laborales.

➲ **Si la especialidad tiene unidades formativas,** las horas totales, presencial, distancia, teleformación serán igual a la suma de esas horas de las unidades formativas de los distintos módulos, sin que se repita ninguna Unidad formativa.

➲ **Si la especialidad no tiene unidades formativas,** las horas totales, presencial, distancia, teleformación serán igual a las sumas de esas horas de los módulos formativos, eliminando las horas de los módulos repetidos.

https://sede.sepe.gob.es/especialidadesformativas/RXBuscadorEFRED/BusquedaEspecialidades.do

(Fuente: Servicio Público de Empleo Estatal)

Índice

OBJETIVOS GENERALES

Los objetivos generales del **FCOA07. Sensibilización en materia de sostenibilidad,** son:

- ➲ Identificar los principios de la economía circular y llevar a cabo acciones de mejora medioambiental en el desarrollo de la actividad profesional, aplicando buenas prácticas laborales en el marco del desarrollo sostenible.
- ➲ Comprender los principios del desarrollo sostenible, su marco normativo y su aplicación en distintos ámbitos, incluyendo la gestión de recursos naturales, la economía circular y la movilidad sostenible, con el fin de promover prácticas responsables que minimicen el impacto ambiental y fomenten un equilibrio entre el crecimiento económico, el bienestar social y la protección del medioambiente.
- ➲ Promover acciones y buenas prácticas en el entorno laboral que optimicen el uso de recursos, gestionen eficientemente los residuos y reduzcan el impacto ambiental, fomentando la sostenibilidad a través de la sensibilización, la formación y la implementación de sistemas de responsabilidad social corporativa.

Desarrollo sostenible

Contenido

Objetivos

El objetivo general de esta Unidad de Aprendizaje es:

→ Comprender los principios del desarrollo sostenible, su marco normativo y su aplicación en distintos ámbitos, incluyendo la gestión de recursos naturales, la economía circular y la movilidad sostenible, con el fin de promover prácticas responsables que minimicen el impacto ambiental y fomenten un equilibrio entre el crecimiento económico, el bienestar social y la protección del medioambiente.

Los objetivos específicos de esta Unidad de Aprendizaje son:

→ Analizar los conceptos clave del desarrollo sostenible.

→ Identificar los principales vectores medioambientales y su impacto en la sostenibilidad.

→ Examinar el marco normativo del desarrollo sostenible para comprender su influencia en políticas y prácticas ambientales.

→ Aplicar los principios de la economía circular.

→ Fomentar el desplazamiento y la movilidad sosteniblePrincipio del formulario.

→ Crear un plan de acción basado en las tres R que fomente la sostenibilidad y la economía circular en una ciudad.

1. Introducción

El desarrollo sostenible busca un equilibrio entre el crecimiento económico, el bienestar de las personas y el cuidado del planeta, para asegurar un futuro mejor para todos. La Agenda 2030 de la ONU propone un plan de acción global para enfrentar grandes desafíos, como el cambio climático y el uso excesivo de los recursos naturales. Para lograrlo, es fundamental gestionar de manera eficiente elementos clave del medioambiente como el agua, los residuos y la energía. En este contexto, la economía circular juega un papel importante al fomentar estrategias como reducir, reutilizar y reciclar, evitando así la generación innecesaria de desechos y aprovechando al máximo los recursos disponibles. Otro aspecto esencial es la movilidad sostenible, que impulsa alternativas de transporte más limpias y eficientes, ayudando a disminuir la contaminación y mejorando la calidad de vida en las ciudades.

Nos centraremos en el caso de Villa Verde, una ciudad que implementó un plan basado en la Agenda 2030. Adaptando medidas como el transporte eléctrico, ciclovías, programas de reciclaje y el uso de energías renovables han mejorado la calidad de vida y convertido la ciudad en un modelo de sostenibilidad.

2. Especificaciones sobre el desarrollo sostenible

 HILO CONDUCTOR

Villa Verde, una ciudad en expansión, ha adoptado un modelo de desarrollo sostenible para enfrentar el agotamiento de recursos y el cambio climático. Siguiendo la Agenda 2030, la ciudad promueve el uso eficiente de los recursos, la reducción de emisiones y la inclusión social. Con iniciativas en sostenibilidad ambiental, social y económica, Villa Verde aspira a ser un ejemplo de crecimiento que respeta el futuro del planeta.

La sostenibilidad es esencial para enfrentar el crecimiento poblacional y la explotación de recursos. El desarrollo sostenible busca equilibrar el bienestar social, el crecimiento económico y la protección ambiental. En su dimensión ambiental, se enfoca en preservar ecosistemas y reducir emisiones;

socialmente, promueve la equidad y el acceso a oportunidades; y, económicamente, impulsa modelos como la economía circular.

Lograr este desarrollo requiere cambios en políticas, prácticas empresariales y compromiso ciudadano, siendo una necesidad para asegurar el futuro del planeta.

El desarrollo sostenible busca equilibrar el crecimiento económico, el bienestar social y la protección del medioambiente, asegurando un futuro viable para las próximas generaciones.

2.1. Conceptos básicos: sostenibilidad social, económica y ambiental, recursos, medioambiente, cambio climático, calentamiento global y el cambio hacia el desarrollo sostenible

La sostenibilidad se ha convertido en uno de los pilares fundamentales del desarrollo moderno, abarcando aspectos sociales, económicos y ambientales. Estos tres pilares están interrelacionados y trabajan juntos para asegurar que el desarrollo actual satisface las necesidades de la presente generación sin comprometer la habilidad de las futuras generaciones para satisfacer sus propias necesidades.

Algunos de los principales **conceptos** en torno a la sostenibilidad son:

- ⮑ **Sostenibilidad social.** Busca garantizar el bienestar, la equidad y la justicia social, promoviendo el acceso a la educación, la salud y los derechos humanos, y fomentando comunidades inclusivas. Algunos ejemplos son las políticas de acceso a servicios básicos y la participación ciudadana.
- ⮑ **Sostenibilidad económica.** Se enfoca en gestionar recursos para asegurar el bienestar económico futuro, impulsando el empleo, la innovación y la eficiencia en el uso de recursos. La economía circular y las tecnologías energéticas son fundamentales.

- **Sostenibilidad ambiental.** Prioriza el uso responsable de los recursos naturales para mantener el equilibrio ecológico, reduciendo la huella ambiental, mediante energías renovables y conservación de hábitats.
- **Recursos y medioambiente.** Gestionar eficientemente recursos como el agua, el aire y la biodiversidad es clave para evitar su agotamiento y prevenir colapsos ambientales.
- **Cambio climático.** Provocado por el aumento de gases de efecto invernadero, altera climas y ecosistemas, afectando la seguridad alimentaria, el acceso al agua y la salud, lo que exige medidas urgentes.
- **Calentamiento global.** Causado por gases contaminantes, provoca derretimiento de glaciares, aumento del nivel del mar y eventos climáticos extremos, lo que requiere reducir emisiones y promover energías limpias.
- **El cambio hacia el desarrollo sostenible.** Implica integrar los aspectos sociales, económicos y ambientales mediante nuevas tecnologías, políticas y cooperación internacional, exigiendo un cambio cultural y estructural hacia la sostenibilidad.

 **PARA SABER MÁS**

Conoce en profundidad en qué consiste el calentamiento global a través del siguiente enlace. Accede desde aquí:

https://redirectoronline.com/fcoa070101

La comprensión y la aplicación de conceptos clave como sostenibilidad social, económica y ambiental; recursos; cambio climático y calentamiento global son esenciales para avanzar hacia un desarrollo sostenible. Este enfoque integral es crucial para enfrentar los desafíos del siglo XXI y construir un mundo más equitativo. El desarrollo sostenible busca equilibrar el crecimiento económico con la preservación ambiental, y está guiado por tres pilares fundamentales: la sostenibilidad social, económica y ambiental.

 **VÍDEO**

En el siguiente vídeo puedes descubrir más sobre la sostenibilidad ambiental. Accede desde aquí:

https://redirectoronline.com/fcoa070102

2.2. Contexto reglamentario. Agenda 2030 para el Desarrollo Sostenible

En septiembre de 2015, la ONU aprobó la **Agenda 2030,** un plan global respaldado por 193 países para construir un mundo más inclusivo y sostenible. Su objetivo es **abordar desafíos como la pobreza, el hambre, la corrupción y el cambio climático, promoviendo un desarrollo equilibrado en lo social, lo económico y lo ambiental.**

Incluye 17 Objetivos de Desarrollo Sostenible (ODS) que buscan combatir la pobreza mientras impulsan el crecimiento económico, la educación, la salud y el empleo digno. Sin embargo, el avance ha sido insuficiente, por lo que es esencial redoblar esfuerzos y acelerar las acciones.

Los 17 Objetivos de Desarrollo Sostenible (ODS), aprobados en 2015 como parte de la Agenda 2030, buscan erradicar la pobreza, proteger el medioambiente y garantizar el bienestar de las personas. Aunque se han logrado avances en varias regiones, el progreso sigue siendo insuficiente para cumplir las metas. Desde 2020, se ha destacado la necesidad de intensificar los esfuerzos en todos los niveles, con cooperación global, innovación y el compromiso de Gobiernos, empresas y comunidades para asegurar un futuro más justo y sostenible. A continuación se exponen los **17 ODS:**

ODS 1-6. Bienestar y necesidades básicas

1. **Poner fin a la pobreza.** Erradicar la pobreza extrema y garantizar el acceso a recursos y oportunidades para todos.
2. **Hambre y seguridad alimentaria.** Asegurar el acceso a alimentos nutritivos y sostenibles, promoviendo la agricultura resiliente.
3. **Salud.** Garantizar el acceso a servicios de salud de calidad y promover el bienestar para todas las edades.
4. **Educación.** Ofrecer educación inclusiva, equitativa y de calidad para fomentar el aprendizaje a lo largo de la vida.
5. **Igualdad de género y empoderamiento de la mujer.** Eliminar la discriminación y la violencia de género, garantizando igualdad de oportunidades.
6. **Agua y saneamiento.** Asegurar el acceso universal al agua potable y a sistemas de saneamiento adecuados.

ODS 7-12. Desarrollo sostenible y economía

7. **Energía.** Garantizar el acceso a energía asequible, segura, sostenible y moderna.
8. **Crecimiento económico.** Fomentar un crecimiento inclusivo y sostenible, promoviendo empleos dignos.
9. **Infraestructura.** Desarrollar infraestructuras resilientes y promover la industrialización sostenible y la innovación.
10. **Reducir las desigualdades.** Disminuir las brechas económicas y sociales entre países y dentro de ellos.
11. **Ciudades.** Crear asentamientos urbanos sostenibles, inclusivos y seguros.
12. **Producción y consumo sostenibles.** Promover el uso eficiente de los recursos y reducir el desperdicio.

ODS 13-17. Medioambiente, paz y cooperación global

13. **Cambio climático.** Tomar medidas urgentes para mitigar y adaptarse al cambio climático.
14. **Océanos.** Proteger los ecosistemas marinos y promover el uso sostenible de los océanos.
15. **Bosques, desertificación y biodiversidad.** Conservar y restaurar los ecosistemas terrestres para frenar la pérdida de biodiversidad.
16. **Paz y justicia.** Promover sociedades justas, pacíficas e inclusivas, con instituciones eficaces.
17. **Alianzas.** Fortalecer la cooperación internacional para lograr los objetivos de manera conjunta.

Estos ODS representan una hoja de ruta para un desarrollo global más justo y sostenible, en el que todos los sectores deben participar activamente.

Los 17 Objetivos de Desarrollo Sostenible de la Agenda 2030 de la ONU establecen metas en los ámbitos social, económico y ambiental, con el propósito de reducir las desigualdades, eliminar el hambre, fomentar la acción climática y promover la paz y la transparencia, entre otras iniciativas clave.

 **PARA SABER MÁS**

Si quieres saber más sobre los ODS, puedes investigar en un informe de avances. Accede desde aquí:

https://redirectoronline.com/fcoa070103

Las empresas tienen la responsabilidad de reducir su impacto negativo y generar un impacto positivo en el medioambiente y la sociedad, restaurando comunidades y ecosistemas, y respetando los derechos humanos en su cadena de suministro. La Agenda 2030 reconoce al sector empresarial como clave en el desarrollo sostenible, brindándoles la oportunidad de ser socios estratégicos en la búsqueda de nuevas oportunidades alineadas con la sostenibilidad. El Pacto Mundial de la ONU impulsa un modelo empresarial basado en los ODS, promoviendo un desarrollo inclusivo, sostenible y próspero como el siguiente:

Fomentar cadenas de suministro responsables
- Asegurando que sus proveedores cumplan con estándares éticos y sostenibles.

Innovar en sostenibilidad
- Desarrollando productos y servicios que aborden desafíos ambientales y sociales como la gestión de residuos plásticos y la salud comunitaria.

Promover el desarrollo sostenible
- Visibilizando su compromiso y formando a sus equipos para impulsar un liderazgo colectivo en esta materia.

Combatir el cambio climático
- Implementando medidas para reducir su huella de carbono y mitigar los efectos ambientales de sus operaciones.

Estas acciones, junto con la creciente regulación en Europa y España, consolidan la sostenibilidad como un eje estratégico para el futuro empresarial.

NOTA

Es fundamental que la transformación se sustente en políticas públicas sólidas y con una visión a largo plazo. Estos esfuerzos deben ser transparentes y estar enfocados en garantizar que nadie quede excluido. Este es el momento ideal para fortalecer las capacidades de las empresas y fomentar su participación activa en alianzas estratégicas que impulsen el cambio.

3. Identificación de los principales vectores medioambientales

☞ HILO CONDUCTOR

Villa Verde se compromete con el desarrollo sostenible, enfocándose en la gestión ambiental para mejorar la calidad de vida. Promueve el uso eficiente del agua, la gestión de residuos, la transición a energías renovables y la reducción de emisiones. Con estas medidas, busca mitigar el impacto ambiental y preservar los recursos naturales para las futuras generaciones.

Los principales vectores medioambientales, como el agua, los residuos, la energía, la atmósfera, los suelos y el ruido, son esenciales para el equilibrio del planeta. La contaminación del agua, la mala gestión de residuos, el uso de energía no renovable, la contaminación del aire, la degradación del suelo y el ruido afectan negativamente al medioambiente y la salud humana. Abordar estos problemas de manera integral y responsable es crucial para preservar el planeta y mejorar la calidad de vida.

 ### APLICACIÓN PRÁCTICA

Una empresa multinacional que se adhiere al Pacto Mundial de la ONU ha decidido implementar varias iniciativas alineadas con los Objetivos de Desarrollo Sostenible (ODS). La compañía se compromete a garantizar que sus proveedores cumplan con estándares éticos y sostenibles, desarrollar productos innovadores que aborden los desafíos ambientales y sociales, y tomar medidas para reducir su huella de carbono. Además, forma a sus equipos y promueve el liderazgo colectivo en sostenibilidad. Sin embargo, uno de los aspectos clave es la visibilidad del compromiso de la empresa en la lucha contra el cambio climático.

¿Qué estrategia de la empresa está más directamente relacionada con su compromiso con la reducción de los efectos ambientales?

Continúa en página siguiente >>

<< Viene de página anterior

Solución

La empresa está tomando medidas clave para cumplir con los Objetivos de Desarrollo Sostenible, enfocándose en reducir su huella de carbono y mitigar su impacto ambiental. Es importante que, además de innovar en productos y formar a su equipo, visibilice y fortalezca su compromiso con la sostenibilidad, asegurando que todas sus operaciones, desde la cadena de suministro hasta el diseño de productos, sean coherentes con su misión ambiental. Estas acciones refuerzan su papel activo en la lucha contra el cambio climático y promueven un modelo empresarial más responsable.

3.1. Agua

El agua es un recurso vital para la vida, los ecosistemas, el desarrollo económico y la salud pública. Su gestión sostenible es clave para abordar los desafíos medioambientales del siglo XXI, resaltando su importancia en la supervivencia de los seres vivos y el bienestar global.

La gestión del agua puede hacer referencia a los siguientes puntos:

- **Disponibilidad y gestión del agua.** La distribución del agua es desigual y agravada por el cambio climático, lo que exige estrategias innovadoras para su gestión. El manejo integrado de los recursos hídricos (MIRH) y tecnologías como la desalación y el reciclaje de aguas residuales ayudan a optimizar su uso. El éxito depende de la conciencia pública y el compromiso político.
- **Calidad del agua y contaminación.** El agua limpia es esencial para la salud, pero su contaminación por desechos industriales, agrícolas y urbanos es un problema global. Fertilizantes, pesticidas y aguas residuales sin tratar degradan los cuerpos de agua y afectan a la biodiversidad y la salud humana.
- **Acceso a agua potable.** Más de dos mil millones de personas carecen de acceso a agua potable segura, lo que afecta la salud y el desarrollo económico. Iniciativas como el ODS 6 de la ONU buscan garantizar el acceso universal a este recurso mediante inversión, innovación y gobernanza eficiente.
- **Impacto del cambio climático.** El cambio climático altera el ciclo del agua, aumentando las sequías y las inundaciones. Para mitigar sus efectos, se requieren infraestructuras resistentes, agricultura eficiente en agua y planificación urbana enfocada en la sostenibilidad hídrica.

⊃ **Economía del agua.** El agua es clave para sectores como la agricultura y la industria, pero su uso ineficiente genera escasez y pérdidas económicas. Implementar tarifas que reflejen su valor real y fomentar prácticas sostenibles, como la agricultura de precisión, es fundamental para su conservación.

La gestión eficaz y sostenible del agua es esencial para un futuro equilibrado. La colaboración entre ciencia, política y conciencia social es clave para asegurar que el agua continúe siendo el sustento vital de los ecosistemas del planeta.

IMPORTANTE

La protección de la calidad del agua debe ser una prioridad en todos los niveles, desde comunidades locales que implementan prácticas agrícolas sostenibles hasta Gobiernos que promulgan regulaciones estrictas para el manejo de contaminantes.

3.2. Residuos

La convivencia diaria con el entorno nos enfrenta al concepto de **residuo**, el cual se refiere a cualquier material o sustancia que su poseedor desecha o tiene la intención de desechar. Existen diversos tipos de residuos, como **industriales, domésticos, peligrosos e inertes.** Con el aumento de la urbanización y el crecimiento poblacional, la generación de residuos ha aumentado significativamente, lo que presenta desafíos importantes para su gestión sostenible y eficiente. Los residuos se dividen usualmente en varias categorías fundamentales que nos ayudan a abordarlos de manera diferenciada. Los **tipos** más comunes de residuos incluyen:

Residuos sólidos urbanos (RSU)	- Comúnmente conocidos como basura doméstica, son generados principalmente en los hogares y contienen materiales orgánicos y reciclables.

Continúa en página siguiente >>

<< *Viene de página anterior*

Residuos industriales	- Generados por actividades industriales, suelen contener elementos peligrosos y deben ser manejados con precaución.
Residuos peligrosos	- Incluyen productos químicos, residuos de instalaciones hospitalarias y otro tipo de desechos que pueden suponer un riesgo significativo para la salud humana y el medioambiente.
Residuos orgánicos	- Incluyen restos de alimentos y materiales biodegradables que pueden ser compostados para mejorar la calidad del suelo.
Residuos de construcción y demolición	- Se obtienen de la construcción, la renovación o la demolición de estructuras, contribuyendo significativamente al volumen de residuos.

IMPORTANTE

El papel crítico de la gestión de residuos radica no solo en la eliminación segura de estos, sino en minimizar su generación y maximizar la reutilización y el reciclaje de materiales.

La gestión inadecuada de residuos genera contaminación en el agua, el suelo y el aire, y contribuye al cambio climático. La Directiva Marco de Residuos de la UE establece una jerarquía de acciones: **prevenir**, **reutilizar**, **reciclar**, **recuperar** y **eliminar**. La prevención prioriza el uso de materiales biodegradables, la reutilización extiende la vida útil de los productos y el reciclaje transforma materiales usados en nuevos productos. Cuando el reciclaje no es posible, la recuperación energética convierte los residuos en electricidad.

SABÍAS QUE...

A partir de enero de 2025, con la implementación de la Directiva (UE) 2018/851, la gestión de residuos textiles será obligatoria, exigiendo su recogida separada para fomentar su reutilización y reciclaje.

3.3. Energía

La energía es clave en la sostenibilidad y el medioambiente, ya que su generación y su uso impactan tanto en el entorno como en la sociedad y la economía global. Es fundamental entender su origen y las consecuencias de su uso a largo plazo.

La energía se define como la capacidad de realizar trabajo, y tanto los sistemas naturales como los humanos dependen de ella. Actualmente, la energía proviene principalmente de fuentes renovables y no renovables.

La energía es un factor clave en la sostenibilidad, ya que su producción y consumo impactan al medioambiente, la sociedad y la economía. Se clasifica en dos grandes **grupos:**

- ⊃ **Energías renovables:** se regeneran de forma natural y reducen las emisiones contaminantes. Incluyen:

    - ⊍ **Energía solar:** aprovecha la radiación del sol para generar electricidad.
    - ⊍ **Energía eólica:** utiliza la fuerza del viento para producir energía mecánica convertida en electricidad.
    - ⊍ **Energía hidráulica:** se basa en el movimiento del agua para generar electricidad.
    - ⊍ **Energía geotérmica:** extrae calor del interior de la Tierra para generar energía.
    - ⊍ **Biomasa:** proviene de materia orgánica como residuos agrícolas y forestales.

- ⊃ **Energías no renovables:** se extraen de recursos finitos y generan un alto impacto ambiental. Entre ellas están:

    - ⊍ **Petróleo:** principal fuente de energía global, pero altamente contaminante.

⊍ **Carbón:** contribuye significativamente a la emisión de CO_2.

⊍ **Gas natural:** menos contaminante que el petróleo y el carbón, pero sigue siendo una fuente finita.

Para avanzar hacia un modelo energético más sostenible, la **eficiencia energética** es clave. Esto implica reducir el consumo sin afectar la productividad. La transición a energías sostenibles requiere un enfoque equilibrado que combine la diversificación de fuentes energéticas, el impulso de la eficiencia y un compromiso global para la gestión responsable de los recursos.

NOTA

La educación y la concienciación sobre el uso responsable de la energía también son fundamentales para reducir el impacto ambiental.

- -

3.4. Atmósfera

La atmósfera es una capa de gases que envuelve la Tierra y desempeña funciones esenciales como la regulación del clima, la protección contra radiaciones solares y el suministro de oxígeno para la vida. Su composición está dominada por nitrógeno (78 %) y oxígeno (21 %), junto con otros gases en menor proporción, los cuales son claves en procesos como la fotosíntesis y la estabilidad térmica del planeta.

A nivel global, acuerdos como el Protocolo de Montreal y el Acuerdo de París buscan mitigar el cambio climático, pero su éxito depende del compromiso de todos. Acciones individuales, como reducir el consumo de plásticos y usar energías renovables, son claves. La educación ambiental también es fundamental para generar conciencia. Por todo ello, se requieren esfuerzos coordinados para proteger la atmósfera y asegurar un futuro sostenible.

3.5. Suelo

El suelo es un elemento fundamental para la sostenibilidad ambiental, ya que sustenta la vida vegetal, regula el ciclo del agua y almacena carbono, desempeñando un papel clave en la mitigación del cambio climático.

Las principales **funciones** clave del suelo se diferencian en:

Sustento de la vegetación
- Proporciona nutrientes esenciales a las plantas, base de las cadenas alimentarias y responsables de la conversión de energía solar en materia orgánica.

Regulación hídrica
- Actúa como reservorio de agua, controlando la escorrentía y reduciendo el riesgo de inundaciones.

Biodiversidad y reciclaje de nutrientes
- Alberga microorganismos y fauna que descomponen la materia orgánica, asegurando la fertilidad del suelo.

Almacenamiento de carbono
- Retiene más carbono que la atmósfera y la vegetación juntas, contribuyendo a la reducción del cambio climático.

El manejo sostenible del suelo incluye prácticas como la **agricultura conservacionista, la agroforestería y los cultivos de cobertura**, que ayudan a preservar su calidad y evitar su degradación. Además, el desarrollo de políticas efectivas es clave para garantizar su disponibilidad para las futuras generaciones.

El suelo, fuente de vida y biodiversidad, desempeña un papel clave en la producción de alimentos, la regulación del agua y el almacenamiento de carbono. Su conservación a través de prácticas sostenibles, como la agroforestería y la rotación de cultivos, es fundamental para garantizar su fertilidad y preservar los ecosistemas.

3.6. Ruido

El ruido es un sonido no deseado que interfiere con la percepción auditiva, y su clasificación depende del contexto y la percepción subjetiva. Se genera por diversas fuentes, como el tráfico, el transporte aéreo, las actividades industriales y la música a volumen elevado en espacios públicos.

Las fuentes de ruido pueden clasificarse en distintas **categorías** según su origen y naturaleza:

Ruido de tráfico
- Es uno de los contaminantes acústicos más comunes en áreas urbanas. Vehículos, motocicletas, trenes y aviones contribuyen significativamente al ruido ambiental. El bullicio constante de motores, frenos y bocinas se combina para crear un entorno sonoro constante que puede provocar incomodidad y estrés a las personas expuestas.

Ruido industrial
- Las fábricas y otras instalaciones industriales generan ruido a partir de maquinaria pesada, perforadoras y equipos de manufactura. Este tipo de ruido no solo afecta a los trabajadores involucrados, sino que también puede impactar en las comunidades circundantes.

Ruido de la construcción
- Proyectos de construcción y renovación son a menudo fuentes temporales pero intensas de ruido, proveniente de herramientas como martillos neumáticos y grúas. Este tipo de ruido, aunque temporal, puede perturbar a los residentes cercanos y alentar protestas y quejas.

Ruido social
- Incluye todo ruido que se deriva de la actividad humana cotidiana, como eventos deportivos, conciertos, festivales y bares. Aunque generalmente efímero, el ruido social puede acumularse en áreas altamente pobladas y turísticas, creando una atmósfera ruidosa constante.

Para abordar el problema del ruido de manera efectiva, se pueden implementar una serie de **estrategias** tanto de forma individual como colectiva. Estas incluyen:

- **Regulaciones gubernamentales.** Las autoridades locales pueden establecer límites de ruido e imponer demandas de insonorización para nuevas construcciones. La implementación estricta de normativas de tráfico contribuye a la reducción del ruido vehicular.
- **Diseño urbano.** Se pueden implementar zonas de amortiguamiento sonoro, como parques y espacios verdes, que actúen como barreras naturales. Ciertas estructuras, como muros y paneles, también ayudan a desviar o absorber el sonido excesivo.
- **Tecnología innovadora.** El desarrollo de materiales y el diseño de máquinas más silenciosas minimizan el ruido en contextos industriales y domésticos. Los vehículos eléctricos, por ejemplo, son menos ruidosos que sus equivalentes de combustión.
- **Educación y concienciación.** Promover un comportamiento de respeto al sonido entre los ciudadanos es fundamental. Extremar la operación de bocinas, acondicionar el uso de dispositivos de audio a volúmenes seguros y articular mejor el uso de zonas de ocio ayudan a reducir el impacto del ruido.
- **Uso de protección personal.** Para aquellos que laboran en ambientes ruidosos, el uso de protectores auditivos, como tapones para los oídos o auriculares aislantes, es esencial para el cuidado adecuado de la salud auditiva.

 IMPORTANTE

El ruido, a pesar de ser una forma de contaminación menos visible, representa un desafío significativo para la sostenibilidad del entorno tanto urbano como rural. Revisar cada fuente de ruido con un enfoque analítico y preventivo puede contribuir a crear un mundo en el que la tranquilidad y el bienestar colectivo prevalezcan sobre el bullicio innecesario.

4. Aplicación de los principios y fundamentos de la economía circular

👉 HILO CONDUCTOR

Villa Verde está adoptando la economía circular para maximizar el uso de recursos, reducir desechos y minimizar el impacto ambiental. Las 3R (reducir, reutilizar y reciclar) son fundamentales en este cambio, y el enfoque multi R amplía estas estrategias con acciones como repensar, rediseñar, refabricar, reparar y recuperar. Estas prácticas permitirán a Villa Verde avanzar hacia un modelo económico más responsable y ecológico.

- -

La economía circular es un modelo sostenible que reemplaza el enfoque tradicional de producción y desecho por un sistema regenerativo, donde se reutilizan y reciclan materiales, productos, energía y agua de manera eficiente. Su objetivo es reducir residuos, mitigar el impacto ambiental y fomentar la innovación, siendo clave en industrias como la textil y la electrónica. Además, ofrece beneficios económicos y competitivos, y su éxito depende de la colaboración entre gobiernos, industrias y consumidores.

4.1. Economía lineal versus economía circular

La **economía lineal** —centrada en el modelo extraer, producir, consumir y desechar— ha resultado insostenible debido a su impacto ambiental y social. En respuesta, la **economía circular** promueve la reutilización de recursos y la reducción de desperdicios, buscando un uso más eficiente y sostenible de estos. Este modelo ofrece una alternativa para mitigar los efectos negativos del enfoque lineal, promoviendo un ciclo de producción más responsable. Sin embargo, presenta **problemas** críticos. Algunos de ellos son:

Sobreexplotación de recursos
- Se extraen materias primas sin considerar la regeneración natural del planeta.

Continúa en página siguiente >>

<< *Viene de página anterior*

Crecimiento descontrolado de residuos
- Al final de su vida útil, los productos se convierten en desechos que contaminan el medioambiente.

Dependencia de recursos finitos
- La disponibilidad de materias primas está disminuyendo, lo que pone en riesgo la sostenibilidad a largo plazo.

La economía lineal ha impulsado el desarrollo industrial, pero, sin una gestión responsable de los recursos, genera un impacto negativo tanto en la biodiversidad como en el bienestar humano.

 PARA SABER MÁS

Puedes conocer más sobre el concepto de economía circular en el siguiente artículo. Accede desde aquí:

https://redirectoronline.com/fcoa070104

Para contrarrestar los efectos nocivos de la economía lineal, la economía circular propone un sistema en el que los productos y los materiales se mantengan en circulación el mayor tiempo posible. Su objetivo principal es minimizar el desperdicio y maximizar la eficiencia de los recursos mediante **estrategias** como las siguientes:

Estrategia 1

Diseño de productos duraderos y reciclables para evitar el desperdicio prematuro.

Estrategia 2

Reutilización de materiales en nuevas cadenas productivas.

Estrategia 3

Reducción de residuos mediante la optimización de procesos industriales.

Este modelo no solo busca proteger el medioambiente, sino también impulsar una economía más eficiente e innovadora.

La movilidad sostenible como parte de la economía circular

Uno de los cambios más innovadores en la economía circular es **la transición de la propiedad hacia modelos de servicio y uso compartido.** Empresas de distintos sectores están adoptando esquemas donde los consumidores alquilan o reciben mantenimiento en lugar de comprar productos, lo que incentiva el diseño de bienes más duraderos y sostenibles.

 **NOTA**

La movilidad sostenible no solo reduce las emisiones de gases contaminantes, sino que también mejora la calidad de vida en las ciudades, optimizando el uso del espacio público y fomentando hábitos más saludables.

Adoptar la **economía circular** trae beneficios ambientales y económicos, pero su implementación requiere cambios en políticas públicas, diseño de productos y hábitos del consumidor. Modelos innovadores como *cradle to cradle*, que crean productos completamente reciclables, son ejemplos de este enfoque. No obstante, la transición enfrenta desafíos como el cambio cultural, la inversión en nuevas tecnologías y la necesidad de regulaciones que fomenten prácticas sostenibles.

IMPORTANTE

La economía circular no es solo una tendencia, sino una necesidad urgente para garantizar la sostenibilidad del planeta. Mientras que la economía lineal sigue explotando recursos y generando residuos sin control, la circular propone un equilibrio entre desarrollo económico, conservación ambiental y bienestar social. Si logramos cambiar nuestra forma de producir, consumir y movilizarnos, podremos construir un futuro más resiliente, eficiente y sostenible para las próximas generaciones.

4.2. Las 3R: reducir, reutilizar y reciclar

Uno de los pilares fundamentales de la **economía circular** es la aplicación de la regla de las **3R: reducir, reutilizar y reciclar**. Este enfoque busca minimizar el impacto ambiental de nuestras actividades diarias y promover un uso más eficiente de los recursos. Las tres R se identifican como:

Reducir	- Implica disminuir el consumo de recursos y la generación de residuos. Adoptar hábitos sostenibles como el ahorro de agua y electricidad ayuda a reducir la presión sobre los recursos naturales y la contaminación, promoviendo un consumo consciente.
Reutilizar	- Consiste en dar una segunda vida a los productos, ya sea mediante su uso repetido o adaptándolos a nuevos fines. Reparar, restaurar y reutilizar envases o productos de segunda mano reduce los residuos y la necesidad de nuevos productos, lo que minimiza la explotación de recursos.
Reciclar	- Es el proceso de transformar residuos en nuevos productos. Requiere separar correctamente los materiales reciclables y apoyar su uso en la producción. El reciclaje ayuda a reducir la contaminación, ahorrar energía y disminuir la extracción de recursos naturales, siendo esencial para la sostenibilidad.

Adoptar las 3R (reducir, reutilizar, reciclar) es clave para cuidar el medioambiente. Aplicándolas en la vida diaria y en los procesos industriales, podemos lograr un consumo responsable y una producción sostenible, reduciendo el impacto ambiental y asegurando un futuro equilibrado para las próximas generaciones.

 TAREA 1

La alcaldesa de una ciudad desea implementar un programa de economía circular. Para ello, pretende fomentar una gestión sostenible de los recursos, reducir el impacto ambiental y mejorar la calidad de vida de los ciudadanos a través de las tres R: reducir, reutilizar y reciclar.

En su plan, la alcaldesa debe plantearse las siguientes preguntas:

- ¿Cómo puede su ciudad reducir el consumo y la generación de residuos en el marco de la economía circular?
- ¿Qué medidas pueden tomarse para fomentar la reutilización de productos y materiales, y el reciclaje?
- ¿Qué impacto tendría la implementación de la regla de las 3R (reducir, reutilizar y reciclar) en el medioambiente, la economía y la sociedad?

¿Podrías ayudar a la alcaldesa a darle forma a estas preguntas para poner en pie su programa de economía circular?

4.3. Enfoque multi R: repensar, rediseñar, refabricar, reparar, redistribuir, reducir, reutilizar, reciclar y recuperar

En el contexto de la crisis ambiental, el enfoque multi-R promueve una economía más sostenible y circular, buscando minimizar el impacto ambiental y optimizar el uso de recursos. Este modelo se basa en nueve principios clave: repensar, rediseñar, refabricar, reparar, redistribuir, reducir, reutilizar, reciclar y recuperar, cada uno crucial para la transformación hacia una mayor sostenibilidad. A continuación, analizaremos cada uno:

- ⮑ **Repensar:** evaluar nuevas formas de producción y consumo.
- ⮑ **Rediseñar:** crear productos con materiales reciclables y reutilizables.
- ⮑ **Refabricar:** restaurar productos en lugar de desecharlos.

- ⮐ **Reparar:** extender la vida útil de los objetos mediante mantenimiento y arreglos.
- ⮐ **Redistribuir:** promover modelos de consumo compartido, como el alquiler o el préstamo de bienes.
- ⮐ **Reducir:** minimizar el consumo de materias primas y energía.
- ⮐ **Reutilizar:** dar nuevos usos a los productos sin necesidad de transformarlos.
- ⮐ **Reciclar:** convertir materiales usados en nuevos recursos productivos.
- ⮐ **Recuperar:** extraer energía o materiales de desechos cuando ya no pueden ser reutilizados.

IMPORTANTE

Estas estrategias permiten optimizar el uso de los recursos y reducir la generación de residuos, promoviendo una economía más sostenible.

---

5. Caracterización del desplazamiento y movilidad sostenible

 HILO CONDUCTOR

Villa Verde se enfoca en la movilidad sostenible, promoviendo el uso de transporte público, bicicletas y vehículos eléctricos para reducir el impacto ambiental y mejorar la calidad de vida de sus habitantes. La ciudad integra estos principios en su diseño, priorizando espacios para caminar, zonas verdes y conexiones eficientes, avanzando hacia un entorno más accesible, saludable y respetuoso con el medioambiente.

La movilidad sostenible es clave para combatir el cambio climático y el uso ineficiente de recursos, promoviendo el transporte público, la movilidad no motorizada y una planificación urbana ecológica. Busca la equidad social, asegurando el acceso a transporte accesible y seguro. Ejemplos como el sistema de bicicletas compartidas en Hangzhou destacan su impacto positivo. Para lograrlo, es esencial la colaboración entre sectores, educación y políticas innovadoras que creen ciudades más habitables y responsables.

5.1. Significado de movilidad sostenible

La movilidad sostenible es un concepto clave en el desarrollo urbano moderno, enfocado en satisfacer las necesidades de transporte actuales sin comprometer los recursos de las futuras generaciones. Este enfoque busca lograr un equilibrio entre tres **pilares** fundamentales:

Perspectiva ambiental
- La movilidad sostenible reduce emisiones contaminantes mediante el uso de energías renovables y transporte más limpio, como vehículos eléctricos y transporte público eficiente. Además, fomenta el uso de bicicletas y el caminar para minimizar el impacto ambiental.

Equidad social
- Busca garantizar el acceso equitativo al transporte, beneficiando especialmente a comunidades marginadas. Un sistema eficiente mejora la calidad de vida urbana, la salud pública y reduce desigualdades.

Viabilidad económica
- Promueve inversiones inteligentes en infraestructura y tecnologías sostenibles, generando empleo en sectores emergentes y reduciendo costos derivados de la contaminación y la congestión.

La movilidad sostenible representa un esfuerzo integral para reconfigurar la forma en que nos movemos, logrando un equilibrio entre las necesidades actuales y futuras. Al integrarse en las políticas de desarrollo urbano y planificación del transporte, se presenta como una solución viable para enfrentar desafíos globales como el cambio climático, la inequidad social y el crecimiento económico.

5.2. Fomento de movilidad sostenible

La **movilidad sostenible** es esencial debido a las preocupaciones ambientales, sociales y económicas generadas por el uso de vehículos tradicionales. Promoverla implica adoptar soluciones de transporte que reduzcan las emisiones contaminantes, mejoren la calidad del aire, disminuyan la congestión y optimicen el uso de recursos naturales. Algunas de ellas son:

- **Infraestructuras adecuadas.** Invertir en transporte público eficiente, como autobuses eléctricos y redes de bicicletas, reduce emisiones y mejora la salud pública, como en Copenhague.
- **Diseño urbano.** Las ciudades compactas y bien planificadas, como el modelo de 15 minutos en París, facilitan el acceso a servicios sin necesidad de usar automóviles.
- **Políticas fiscales y reguladoras.** Las tasas de congestión, los peajes urbanos y los subsidios a vehículos eléctricos fomentan el uso de transporte sostenible y reducen el tráfico.
- **Educación y sensibilización.** Las campañas educativas ayudan a concienciar sobre los impactos del transporte convencional y promueven alternativas sostenibles como el transporte público y la bicicleta.
- **Participación comunitaria.** Incluir a la comunidad en la planificación de la movilidad garantiza soluciones adaptadas a las necesidades locales y fomenta la colaboración entre sectores.
- **Integración con la sostenibilidad urbana.** La movilidad sostenible debe combinarse con estrategias de eficiencia energética, planificación ecológica y uso responsable del suelo para mejorar la calidad de vida urbana.

 **IMPORTANTE**

El fomento de la movilidad sostenible requiere un enfoque multifacético que involucre a todos los sectores de la sociedad. Solo a través de una colaboración efectiva entre gobiernos, empresas y ciudadanos, junto con políticas que apoyen comportamientos sostenibles y el uso de tecnologías innovadoras, se logrará una transición exitosa hacia un modelo de movilidad más responsable y sostenible.

5.3. Movilidad urbana sostenible

La movilidad urbana sostenible busca transformar los desplazamientos en las ciudades para reducir el impacto ambiental, mejorar la calidad de vida y fomentar la equidad social. Se enfoca en el uso eficiente del espacio, la reducción de emisiones y la inclusión en el acceso al transporte, promoviendo sistemas accesibles, eficientes y ecológicos sin comprometer las necesidades futuras.

Los **componentes clave** de la movilidad sostenible urbana se sostienen en:

Transporte público eficiente
- Mejorar la accesibilidad y la sostenibilidad del transporte colectivo.

Infraestructura ciclista y peatonal
- Fomentar el uso de la bicicleta y los desplazamientos a pie con infraestructuras seguras.

Car sharing y ride sharing
- Reducir la cantidad de vehículos en circulación mediante movilidad compartida.

Tecnología e innovación
- Implementar soluciones como vehículos autónomos y apps de movilidad.

 ACTIVIDAD COMPLEMENTARIA

1. Investiga y analiza ejemplos de iniciativas de movilidad urbana sostenible en diferentes ciudades del mundo, enfocándose en sus beneficios ambientales, sociales y económicos. Además, propón una solución innovadora basada en las investigaciones realizadas.

Utilizando recursos en línea, busca ejemplos de ciudades que hayan implementado soluciones de movilidad urbana sostenible. Algunas áreas clave que investigar incluyen:

Continúa en página siguiente >>

<< Viene de página anterior

1. Transporte público eficiente.
2. Infraestructura para bicicletas y peatones.
3. Sistemas de *car sharing* y *ride sharing*.
4. Innovaciones tecnológicas aplicadas a la movilidad urbana (vehículos autónomos, aplicaciones de movilidad, etc.).

---

6. Resumen

En el desarrollo sostenible existen tres pilares claves:

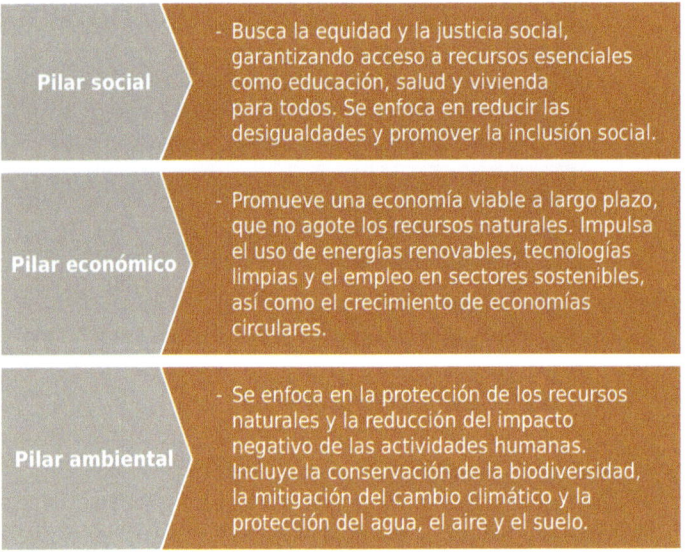

Pilar social - Busca la equidad y la justicia social, garantizando acceso a recursos esenciales como educación, salud y vivienda para todos. Se enfoca en reducir las desigualdades y promover la inclusión social.

Pilar económico - Promueve una economía viable a largo plazo, que no agote los recursos naturales. Impulsa el uso de energías renovables, tecnologías limpias y el empleo en sectores sostenibles, así como el crecimiento de economías circulares.

Pilar ambiental - Se enfoca en la protección de los recursos naturales y la reducción del impacto negativo de las actividades humanas. Incluye la conservación de la biodiversidad, la mitigación del cambio climático y la protección del agua, el aire y el suelo.

La gestión de recursos como el agua, los residuos, la energía, el aire, el suelo y el ruido es clave para evitar la sobreexplotación y proteger el medioambiente:

⊃ Agua: uso eficiente y conservación para prevenir la escasez.
⊃ Residuos: promoción de la reducción, la reutilización y el reciclaje.
⊃ Energía: preferencia por fuentes renovables y la mejora de la eficiencia energética.

- Aire: reducción de la contaminación atmosférica.
- Suelo: protección del suelo y prácticas agrícolas sostenibles.
- Ruido: control de la contaminación acústica.

A diferencia del modelo lineal tradicional (extraer, producir, usar y desechar), la economía circular se enfoca en la reutilización, el reciclaje y la reducción de residuos, buscando alargar el ciclo de vida de los recursos y minimizar el impacto ambiental. Las **principales estrategias** son:

Reducir

Minimizar el consumo de recursos.

Reutilizar

Dar una nueva vida a los productos y los materiales.

Reciclar

Transformar materiales para su reutilización.

Recuperar

Extraer materiales útiles de productos que ya no se pueden reutilizar.

La movilidad sostenible busca mejorar la calidad de vida urbana, reducir la contaminación y optimizar los recursos. Algunas medidas clave incluyen:

- Transporte público eficiente: promover el uso del transporte público limpio, como autobuses eléctricos.
- Infraestructura para bicicletas y peatones: crear más carriles bici y zonas peatonales.
- Vehículos eléctricos: incentivar el uso de vehículos con bajas emisiones de CO_2.
- *Car sharing* y *ride sharing*: modelos de transporte compartido para reducir el número de vehículos en circulación.

Ejercicios de autoevaluación
Unidad de Aprendizaje 1

1. ¿Cuál de las siguientes opciones describe mejor el concepto de sostenibilidad social?

   a. Usar responsable de los recursos naturales.
   b. Garantizar el bienestar y la equidad en la sociedad.
   c. Implementar de energías renovables.
   d. Fomentar del crecimiento económico.

2. ¿Qué impacto tiene el calentamiento global en el planeta?

   a. Reducción de la biodiversidad.
   b. Aumento del nivel del mar.
   c. Eventos climáticos extremos.
   d. Todas las opciones son correctas.

3. Indica si la siguiente oración es verdadera o falsa: "El ruido de tráfico es una de las principales fuentes de contaminación acústica porque proviene de vehículos, bocinas y motores en áreas urbanas".

   ■ Verdadero
   ■ Falso

4. ¿Qué práctica es fundamental para la sostenibilidad económica?

   a. Sobreexplotación de recursos
   b. Economía circular
   c. Uso exclusivo de combustibles fósiles
   d. Eliminación de regulaciones ambientales

5. Indica si la siguiente oración es verdadera o falsa: "La movilidad sostenible busca reducir emisiones contaminantes mediante el uso de energías renovables y transporte más limpio".

   ■ Verdadero
   ■ Falso

Responsabilidad social

Contenido

1. Introducción
2. Implementación de acciones de mejora ambiental en el entorno laboral y personal
3. Implementación de buenas prácticas en la actividad profesional para reducir el impacto ambiental
4. Descripción de la responsabilidad social
5. Resumen

Objetivos

El objetivo general de esta Unidad de Aprendizaje es:

→ Promover acciones y buenas prácticas en el entorno laboral que optimicen el uso de recursos, gestionen eficientemente los residuos y reduzcan el impacto ambiental, fomentando la sostenibilidad a través de la sensibilización, la formación y la implementación de sistemas de responsabilidad social corporativa.

Los objetivos específicos de esta Unidad de Aprendizaje son:

→ Fomentar la adopción de hábitos sostenibles en el entorno laboral y el personal.

→ Promover la implementación de buenas prácticas ambientales en la actividad profesional para reducir el impacto ambiental.

→ Capacitar sobre la valorización de residuos, optimizando su gestión.

→ Desarrollar estrategias de ecodiseño que permitan mejorar los procesos de producción y diseño de productos.

→ Impulsar la responsabilidad social empresarial.

→ Sensibilizar a los trabajadores sobre la importancia de la sostenibilidad en sus funciones diarias.

→ Aplicar las estrategias de responsabilidad social corporativa (RSC) analizando cómo las empresas pueden optimizar su impacto social y ambiental a través de un enfoque estructurado y estratégico.Principio del formulario

1. Introducción

La sostenibilidad es clave para un desarrollo responsable en el ámbito laboral y personal. Implementar acciones como el uso eficiente de la energía, la optimización de recursos y la gestión de residuos ayuda a reducir el impacto ambiental. En el ámbito profesional, prácticas como la reducción del consumo de agua, la valorización de residuos y la mejora en los procesos de diseño promueven la eficiencia y la producción sostenible. La responsabilidad social empresarial integra criterios ambientales y sociales, impulsando un desarrollo equilibrado.

En este contexto, la ciudad de Villa Verde ha adoptado un enfoque proactivo hacia la sostenibilidad, promoviendo el uso eficiente de recursos y la colaboración entre empresas y ciudadanos. A través de la responsabilidad social, el ecodiseño y la gestión responsable de residuos, Villa Verde trabaja para reducir el impacto ambiental y mejorar la calidad de vida, reflejando su compromiso con un desarrollo sostenible.

2. Implementación de acciones de mejora ambiental en el entorno laboral y personal

☞ HILO CONDUCTOR

Villa Verde promueve la sostenibilidad a través del uso eficiente de la energía y el agua, y la reducción de residuos, creando entornos ecológicos y responsables para un futuro más sostenible.

- -

La sostenibilidad laboral reduce el impacto ambiental y mejora la eficiencia mediante acciones como optimizar recursos, reducir desperdicios e integrar plantas. Estas prácticas fomentan un ambiente más saludable y productivo.

IMPORTANTE

El ahorro de energía, la optimización de recursos y la inclusión de elementos naturales mejoran la sostenibilidad y la eficiencia en el entorno laboral.

2.1. Apagado de aparatos cuando no sean necesarios

El uso eficiente de la energía reduce costos y el impacto ambiental. Apagar los aparatos innecesarios es clave, pero el consumo en modo de espera puede representar hasta un 10 % del total. Algunas de las **medidas** para optimizar el consumo energético son:

Apagado total de dispositivos
- Evitar dejar equipos en modo de espera, ya que continúan consumiendo energía.

Sensibilización y capacitación
- Informar a empleados y familias sobre el impacto del consumo fantasma y la importancia del ahorro energético.

Uso de tecnologías inteligentes
- Implementar regletas con temporizador, sensores de apagado automático y sistemas de gestión de energía.

Optimización en el hogar
- Desenchufar electrodomésticos que no se usen frecuentemente y optar por dispositivos de bajo consumo.

Monitoreo del consumo
- Analizar facturas de electricidad y usar medidores energéticos para evaluar la efectividad de estas medidas.

Reducir el consumo de energía fomenta la sostenibilidad, disminuye emisiones de carbono y promueve un uso responsable de los recursos, generando un impacto positivo a largo plazo.

2.2. Optimización del uso de las impresoras

Un aspecto crucial es analizar el uso de las impresoras, considerando la frecuencia de impresión, el volumen de páginas, los tipos de documentos, el uso de color y el mantenimiento de los equipos. Esto ayuda a identificar el uso ineficiente de recursos. Algunas **estrategias** para optimizar su uso son:

- **Estrategias para la reducción del uso de papel.** Fomentar el uso de prácticas como la impresión a doble cara, el uso de papel reciclado, la reducción de márgenes y el almacenamiento digital de documentos para reducir el consumo de papel innecesario.
- **Configuraciones de impresión eficientes.** Ajustar las impresoras para usar menos tinta, como imprimir en modo borrador o en escala de grises, y evitar la impresión excesiva mediante ajustes predeterminados.
- **Uso de impresoras modernas y eficientes energéticamente.** Actualizar a modelos de impresoras que consuman menos energía y cuenten con funciones de apagado automático o bajo consumo.
- **Implementación de políticas de impresión consciente.** Establecer políticas que limiten la impresión de documentos grandes o a color, programar impresiones de alto volumen en horarios de baja demanda y restringir ciertas funciones a personal autorizado.
- **Educación y sensibilización de los empleados.** Proveer formación sobre prácticas sostenibles de impresión e involucrar a los empleados en la optimización del uso de impresoras para fortalecer la cultura ambiental en la empresa.
- **Monitoreo y evaluación continua.** Realizar un seguimiento del impacto de las medidas de optimización, evaluando el consumo de recursos y los costos, para identificar nuevas oportunidades de mejora.

2.3. Apagado de las luces cuando no se usen

El uso eficiente de la iluminación eléctrica, apagando las luces en áreas desocupadas, reduce el consumo de energía, extiende la vida útil de las bombillas y disminuye los residuos generados. Los beneficios del apagado de luces no usadas son:

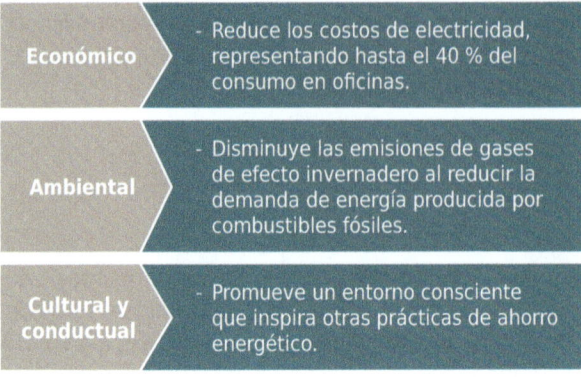

Económico — Reduce los costos de electricidad, representando hasta el 40 % del consumo en oficinas.

Ambiental — Disminuye las emisiones de gases de efecto invernadero al reducir la demanda de energía producida por combustibles fósiles.

Cultural y conductual — Promueve un entorno consciente que inspira otras prácticas de ahorro energético.

IMPORTANTE

Las estrategias para apagar las luces de manera eficiente incluyen carteles cerca de interruptores, sensores de movimiento y campañas de concienciación sobre el ahorro energético.

- -

Estos pequeños gestos pueden generar un gran impacto global y son fundamentales para enfrentar el cambio climático.

2.4. Optimización del uso del agua

La optimización del uso del agua requiere responsabilidad individual y colectiva. Es fundamental educar sobre su ciclo y conservación, identificando áreas de alto consumo y desperdicio. Implementar prácticas eficientes es clave para lograr un uso responsable del agua en hogares y oficinas. Algunas de estas **prácticas** son:

- **Detección y reparación de fugas:** inspeccionar regularmente grifos y tuberías para prevenir pérdidas significativas de agua.
- **Uso de tecnología eficiente:** instalar dispositivos como inodoros de doble descarga y cabezales de ducha de bajo consumo para reducir el uso de agua sin afectar la funcionalidad.
- **Recolección y reutilización de agua:** implementar sistemas para la captación de agua de lluvia para usos no potables, como riego y limpieza.

⊃ **Buenas prácticas:** promover acciones simples, como cerrar el grifo mientras nos cepillamos los dientes o reducir el tiempo en la ducha, para ahorrar agua.

Fomentar una cultura organizacional sostenible impulsa el ahorro de agua mediante hábitos responsables y reconocimiento de iniciativas, beneficiando al medioambiente y la eficiencia.

 **APLICACIÓN PRÁCTICA**

Silvia trabaja en una oficina donde ha notado un alto consumo de agua y ciertos hábitos poco responsables entre sus compañeros y compañeras. Busca implementar cambios que contribuyan al ahorro de este recurso tan importante. Para lograrlo, ¿qué decisión de las siguientes debería tomar?

- **Hablar con Administración para que revisen las instalaciones y reparen posibles fugas, además de proponer campañas internas de concienciación sobre el uso eficiente del agua.**
- **Ignorar el problema, ya que no le corresponde a ella resolverlo y es responsabilidad de la empresa.**
- **Poner carteles en los baños pidiendo a los empleados que cierren bien los grifos, sin hacer nada más al respecto.**
- **Comprar botellas de agua para todos los empleados y sugerir que se laven las manos con esa agua para evitar el desperdicio de los grifos.**

Solución

La mejor opción es hablar con Administración para reparar las fugas y promover campañas de concienciación, ya que aborda el problema de manera integral. Las fugas pueden representar un desperdicio significativo de agua si no se atienden a tiempo. Además, educar a los empleados fomenta un cambio de hábitos sostenibles a largo plazo. Combinar acciones correctivas y preventivas es clave para un uso eficiente del agua en la oficina.

2.5. Optimización del uso del papel

Reducir el uso del papel minimiza la deforestación y el consumo de agua y energía, fomentando la sostenibilidad y la eficiencia. Algunas **estrategias para reducir el uso del papel** son las siguientes:

Reducción del consumo de papel
- Usar plataformas digitales y configurar impresoras para imprimir a doble cara.

Reutilización del papel
- Reutilizar hojas usadas para borradores o actividades creativas.

Reciclaje eficaz del papel
- Implementar sistemas de recolección y educar sobre reciclaje.

Uso de papel reciclado y tecnologías alternativas
- Promover el uso de papel reciclado y tecnologías como el libro electrónico.

Educación y sensibilización
- Realizar talleres y campañas sobre el uso responsable del papel.

La optimización del uso del papel, al igual que la de otros recursos, contribuye a la conservación del medioambiente y promueve una mentalidad más responsable hacia el futuro.

2.6. Decoración con plantas

La decoración con plantas en espacios laborales y personales no solo mejora la estética, sino que también ofrece beneficios ambientales y psicológicos. Las plantas mejoran la calidad del aire al absorber CO_2 y liberar oxígeno, y eliminan toxinas como el formaldehído. Además, contribuyen al bienestar emocional y mental al reducir el estrés, aumentar la productividad y mejorar el estado de ánimo, creando un entorno más positivo y armonioso.

Ejemplo de jardín vertical interior

2.7. Aprovechamiento de la luz del día

El uso de luz natural reduce el consumo energético, mejora la calidad del entorno y favorece el bienestar, tanto en el trabajo como en el hogar, contribuyendo a la sostenibilidad. Algunos de los **beneficios** del aprovechamiento de este recurso son:

- **Comportamiento de la luz natural.** La luz solar varía a lo largo del día. La luz de la mañana, más directa y clara, favorece la productividad, mientras que la luz suave del atardecer es ideal para actividades más relajadas.
- **Diseño de interiores eficiente.** El uso de ventanas y elementos arquitectónicos como claraboyas o ventanales desde el suelo al techo maximiza la entrada de luz natural. Además, el vidrio eficiente ayuda a mantener una temperatura confortable.
- **Evaluación y optimización del espacio.** Reorganizar el entorno y usar cortinas translúcidas en lugar de pesadas permite mejorar el aprovechamiento de la luz natural, lo que beneficia la productividad y el bienestar de los ocupantes.
- **Tecnología para el aprovechamiento de luz natural.** Los sistemas de iluminación inteligente y los sensores de luz ajustan la intensidad de la luz artificial según la cantidad de luz natural, minimizando el consumo energético.
- **Sensibilización y educación.** Fomentar el ahorro energético y educar sobre el uso eficiente de la luz natural son esenciales para promover prácticas sostenibles en el entorno laboral y el personal.

Aprovechar la luz natural es una estrategia sostenible que no solo reduce el consumo energético, sino que también mejora el bienestar de las personas y contribuye a la creación de espacios más saludables y ecológicos.

2.8. Climatización

Una climatización eficiente reduce el consumo energético y la huella de carbono, mejorando el confort térmico sin comprometer la sostenibilidad. Su planificación adecuada permite equilibrar eficiencia y bienestar. Existen diferentes **formas de fomentar la climatización:**

- **Eficiencia energética en climatización.** Usar equipos de alta eficiencia, como bombas de calor, reduce el consumo eléctrico al transferir energía en lugar de generarla.
- **Diseño pasivo del edificio.** Minimiza la necesidad de calefacción y refrigeración mediante la orientación adecuada, materiales térmicos, ventanas aislantes y sistemas de sombreado.
- **Ventilación eficiente.** La ventilación natural y los sistemas mecánicos con recuperación de calor optimizan el uso del aire, complementando la climatización de manera sostenible.
- **Mantenimiento adecuado.** El mantenimiento regular de los sistemas de climatización mejora la eficiencia, garantizando un funcionamiento óptimo y reduciendo el esfuerzo energético.
- **Integración de energías renovables.** Utilizar energías renovables, como la solar y la geotérmica, reduce la dependencia de fuentes no renovables, como los calentadores solares y las bombas de calor geotérmicas.

 **NOTA**

Estas acciones no solo son necesarias, sino una oportunidad para redefinir nuestra interacción con el entorno, garantizando un impacto mínimo para el bienestar de las futuras generaciones.

3. Implementación de buenas prácticas en la actividad profesional para reducir el impacto ambiental

☞ **HILO CONDUCTOR**

Villa Verde promueve la sostenibilidad optimizando recursos, reduciendo su huella ambiental y gestionando adecuadamente los residuos. Fomenta el ecodiseño y sensibiliza a sus empleados para minimizar el impacto ambiental.

- -

La sostenibilidad empresarial reduce el impacto ambiental y mejora la eficiencia. Adoptar prácticas responsables en energía, agua y residuos impulsa la innovación, cumple con regulaciones y beneficia a la empresa y al planeta.

3.1. Uso eficiente de la energía

El uso eficiente de la energía se ha convertido en una prioridad para lograr la sostenibilidad ambiental, y su implementación depende de diversos enfoques que van desde principios básicos hasta estrategias complejas. Este uso eficiente aborda los siguientes **conceptos:**

Eficiencia energética	- Utilizar equipos como bombas de calor para reducir el consumo eléctrico.
Diseño pasivo	- Optimizar la orientación, los materiales y las ventanas del edificio para reducir la necesidad de calefacción y refrigeración.
Ventilación eficiente	- Aprovechar la ventilación natural o los sistemas mecánicos con recuperación de calor para mejorar el aire interior.

Continúa en página siguiente >>

<< Viene de página anterior

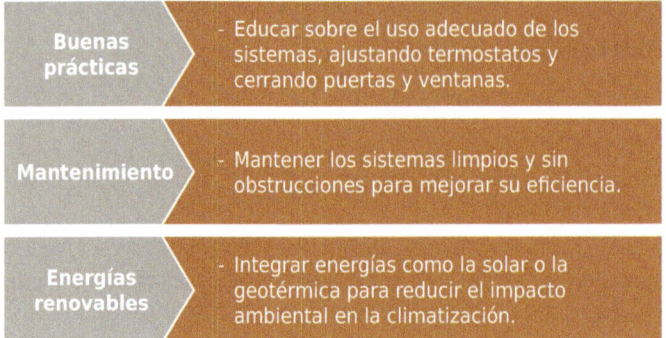

A través de la combinación de buenas prácticas, concienciación y el uso de tecnologías avanzadas, podemos asegurar que el uso eficiente de la energía sea un paso fundamental hacia un futuro más sostenible.

3.2. Gestión responsable del agua

El agua es un recurso esencial que enfrenta una creciente presión debido a la alta demanda y el cambio climático. Su gestión responsable no solo trae beneficios ambientales, sino también económicos y sociales. Analicemos en profundidad en qué se basa la gestión del agua:

- **Entender el ciclo del agua.** A diferencia de la energía, gestionar el agua implica reducir su consumo, proteger fuentes hídricas, y garantizar su calidad y disponibilidad para el futuro.
- **Implementación de tecnologías y prácticas.** El uso de dispositivos ahorradores, sistemas de reutilización y de captación de agua de lluvia permite optimizar el consumo y reducir el desperdicio.
- **Cultura del agua en las empresas.** La educación y la concienciación de los empleados son clave. Los talleres y las campañas internas pueden fomentar hábitos de consumo responsable.
- **Calidad del agua devuelta al medioambiente.** El tratamiento de aguas residuales y procesos como el de cero descargas líquidas minimizan el impacto ambiental y fomentan la reutilización del agua.
- **Aspectos legales y económicos.** Cumplir con regulaciones hídricas evita sanciones y puede generar beneficios económicos, reduciendo costos operativos y accediendo a incentivos por sostenibilidad.
- **Monitoreo y evaluación.** El seguimiento constante del uso y la calidad del agua facilita mejoras continuas e innovación en su gestión.

3.3. Búsqueda de nuevas oportunidades para valorizar los residuos

El aumento constante de residuos genera la necesidad de sistemas eficientes que los transformen en recursos útiles. Empresas, gobiernos y comunidades deben adoptar enfoques innovadores para convertir los residuos en fuentes de valor económico y social. Para la búsqueda de diferentes oportunidades de valorizar los residuos, estas se pueden llevar a cabo por diferentes **vías:**

Innovación y tecnología en la gestión de residuos
- Las tecnologías emergentes, como la biotecnología, permiten transformar residuos orgánicos en biocombustibles, reduciendo la contaminación y la dependencia de combustibles fósiles.

Economía circular y diseño sostenible
- En lugar del modelo tradicional, se promueve un sistema donde los materiales mantienen su utilidad. Empresas como IKEA implementan reciclaje y reutilización en sus productos.

Transformación industrial de residuos
- Algunas tecnologías innovadoras convierten los residuos en nuevos materiales, como plásticos reciclados en pavimentos y textiles reutilizados en nuevas telas, reduciendo la huella de carbono.

Comercio y regulación internacional de residuos
- El intercambio de materiales reciclables enfrenta desafíos como la armonización de regulaciones y la necesidad de soluciones locales que promuevan el desarrollo económico.

Aprovechamiento de residuos alimentarios
- El reciclaje de residuos alimentarios en compost y energía renovable está en aumento. También se desarrollan tecnologías para extraer biomoléculas útiles en nutrición y cosmética ecológica.

Colaboración multisectorial
- La cooperación entre los sectores público, privado y sin fines de lucro es esencial para impulsar proyectos innovadores y soluciones escalables.

La valorización de residuos es un proceso continuo que requiere innovación y colaboración. Al transformar los residuos en recursos, se avanza hacia un futuro más sostenible con menor impacto ambiental y mayor desarrollo económico.

3.4. Optimización de los envases de los productos

La reducción del impacto ambiental de los empaques es un desafío clave en la sostenibilidad. Optimizar envases implica reducir materiales, mejorar su reutilización y reciclabilidad, y diseñar soluciones innovadoras para minimizar la huella ecológica. Para la optimización de uso del envase es necesario:

- **Selección de materiales sostenibles.** El uso de materiales biodegradables o reciclables, como bioplásticos a base de maíz o caña de azúcar, permite disminuir los residuos y fomentar la economía circular.
- **Reducción de peso y consumo de materiales.** Disminuir el peso de los envases reduce el uso de materias primas y las emisiones de CO_2 en el transporte.
- **Reutilización de envases.** Implementar envases reutilizables, como botellas de vidrio retornables en cervecerías, minimiza los residuos sólidos y promueve hábitos de consumo más sostenibles.
- **Innovación en el diseño de envases.** El diseño innovador permite reducir residuos y mejorar la funcionalidad.
- **Casos de estudio en la industria.** Empresas del sector electrónico y del mueble han sustituido plásticos difíciles de reciclar por moldes de pulpa de papel reciclado, lo que mejora la sostenibilidad y refuerza la imagen corporativa.
- **Transparencia y concienciación del consumidor.** El etiquetado claro sobre la composición y la reciclabilidad de los envases educa a los consumidores y promueve decisiones responsables.

Optimizar envases reduce el impacto ambiental, mejora la eficiencia y promueve la sostenibilidad en las empresas.

3.5. Cálculo de la huella ambiental de la actividad e identificación de objetivos de mejora

Medir la huella ambiental permite conocer el impacto de nuestras actividades en términos de recursos consumidos y contaminantes emitidos. Esta conciencia impulsa la adopción de prácticas más sostenibles. El **cálculo de la huella de carbono** implica:

Métodos de cálculo de la huella ambiental
- Huella de carbono: emisiones de gases de efecto invernadero.
- Huella hídrica: consumo de agua en producción.
- Análisis de ciclo de vida (ACV): impacto ambiental desde la extracción hasta la disposición final.

Herramientas para el cálculo
- Usar *software* especializado y expertos para calcular el impacto.

Al adoptar estrategias sostenibles, las organizaciones pueden liderar el cambio hacia un futuro más responsable y equilibrado.

3.6. Mejora de la gestión de los materiales y residuos peligrosos

El manejo eficiente de materiales y residuos peligrosos es clave para reducir riesgos ambientales y proteger la salud humana. Su optimización no solo refuerza el compromiso empresarial con la sostenibilidad, sino que también genera beneficios económicos y sociales.

El manejo eficiente de materiales y residuos peligrosos minimiza riesgos ambientales, protege la salud humana y fortalece el compromiso empresarial con la sostenibilidad, generando beneficios tanto económicos como sociales.

3.7. Sensibilización y formación ambiental a los trabajadores

La **sensibilización y la formación ambiental** de los trabajadores son claves para implementar prácticas sostenibles en las organizaciones. Capacitar al personal no solo reduce el impacto ambiental, sino que también genera un cambio cultural en la empresa.

En primer lugar, es fundamental cultivar la **conciencia ambiental**, enseñando a los empleados cómo sus acciones pueden afectar al medioambiente y cómo pueden minimizar su impacto. Luego, se enfatiza la **responsabilidad compartida**, promoviendo un compromiso colectivo con la sostenibilidad.

Asimismo, se deben identificar los impactos ambientales del trabajo y capacitar a los empleados en estrategias para reducirlos. La **adopción de buenas prácticas** como el uso eficiente de recursos y la gestión adecuada de residuos es esencial.

 **NOTA**

La educación ambiental en el ámbito laboral es una estrategia esencial para fomentar una cultura de sostenibilidad dentro y fuera de la empresa.

ACTIVIDAD COMPLEMENTARIA

2. En esta actividad debes investigar en fuentes externas la importancia de la gestión adecuada de materiales y residuos peligrosos, así como explorar prácticas óptimas para su manejo seguro y sostenible.

· Investiga las categorías de materiales considerados peligrosos, como químicos, biológicos, radiactivos y metales pesados.
· Analiza la importancia de implementar sistemas de etiquetado estandarizados y el uso de hojas de datos de seguridad para su correcta gestión.

Elabora un resumen con toda la información recopilada.

3.8. Reducción del volumen y carga contaminante de los vertidos de agua residual

La gestión adecuada de las aguas residuales, mediante tecnologías de tratamiento y la reducción de productos químicos, es crucial para minimizar su impacto ambiental y proteger los recursos hídricos. Algunas de las **estrategias** que existen para minimizarlo son:

Reducción de agua residual
- Optimización: usar tecnologías de ahorro y procesos industriales más eficientes para reducir el agua utilizada.

Tratamiento previo
- Sedimentación y biorremediación para reducir contaminantes.

Tecnologías emergentes
- Uso de ósmosis inversa y electrocoagulación para mejorar el tratamiento.

Reutilización y reciclaje
- Fomenta la economía circular y reduce la dependencia de agua fresca.

3.9. Mejora de los procesos de diseño de nuevos productos para que sean más sostenibles

El ecodiseño busca reducir el impacto ambiental a lo largo de todo el ciclo de vida del producto, desde su creación hasta su eliminación.

Los **principios del ecodiseño** son:

- **Selección de materiales sostenibles.** Elegir materiales reciclables, biodegradables o de bajo impacto ambiental es crucial para reducir la huella ecológica del producto.
- **Eficiencia energética.** El diseño de productos que consuman menos energía durante su uso y fabricación contribuye al ahorro de recursos y mejora la sostenibilidad económica.
- **Minimización de residuos.** Adoptar procesos de producción que generen menos residuos y fomentar el reciclaje o el compostaje ayuda a reducir el impacto ambiental de la fabricación.
- **Diseño para el desensamblaje y reciclaje.** Facilitar el desensamblaje de los productos al final de su vida útil mejora la eficiencia del reciclaje y maximiza la recuperación de materiales.
- **Incorporación de tecnologías limpias.** Utilizar tecnologías que reduzcan la emisión de contaminantes en la producción y el uso de productos, como la impresión 3D, contribuye a un proceso de fabricación más limpio.
- **Repensar el embalaje.** Diseñar embalajes reciclables, reducir su tamaño y fomentar soluciones reutilizables son prácticas efectivas para minimizar el impacto ambiental.

3.10. Implantación de sistemas de gestión medioambiental y responsabilidad social empresarial

La gestión medioambiental y la responsabilidad social empresarial (RSE) buscan reducir el impacto ambiental y promover el bienestar social. La gestión medioambiental se enfoca en prácticas sostenibles, mientras que la RSE integra aspectos sociales, éticos y económicos en las operaciones de las empresas:

Gestión ambiental	Responsabilidad social empresarial (RSE)
- La gestión ambiental empresarial busca reducir los impactos negativos en el medioambiente mediante estrategias como la adopción de la ISO 14001, enfocándose en la mejora continua y la reducción de emisiones y residuos.	- La RSE promueve prácticas éticas y sociales como la diversidad y la inclusión, estableciendo relaciones fuertes con los grupos de interés y comunicando el compromiso con la sostenibilidad a través de informes como los de la GRI.

4. Descripción de la responsabilidad social

👉 HILO CONDUCTOR

Villa Verde se compromete a integrar la responsabilidad social como parte de su modelo de negocio, enfocándose en prácticas que beneficien tanto al medioambiente como a la comunidad. A través de la responsabilidad social corporativa (RSC), busca ser una empresa sostenible, minimizando su impacto ambiental y generando valor social. Así, contribuye al bienestar común mientras fomenta un desarrollo económico responsable.

La responsabilidad social corporativa (RSC) es crucial en la actualidad, ya que las acciones de las empresas afectan tanto al entorno social como ambiental. Las organizaciones deben implementar estrategias que promuevan el bienestar social, el cuidado ambiental y la rentabilidad. Una RSC genuina no solo mejora la ética organizacional, sino que también fomenta la innovación y contribuye al desarrollo sostenible de la sociedad, equilibrando el éxito económico con objetivos sociales más amplios.

4.1. Concepto de responsabilidad social

La responsabilidad social es un proceso continuo que aporta **beneficios competitivos**, mejora la reputación empresarial y fortalece la relación con consumidores y empleados. Su adopción no solo responde a una obligación ética, sino que es una estrategia clave para la sostenibilidad y el progreso.

Sus principales componentes incluyen el **respeto a los derechos humanos**, la **protección ambiental** mediante el uso eficiente de recursos, la **seguridad y el bienestar laboral**, y el **desarrollo comunitario** a través de inversiones y apoyo social. Además, la **gestión ética y la transparencia** refuerzan la confianza de los grupos de interés, promoviendo un diálogo abierto con empleados, clientes y comunidades.

NOTA

La responsabilidad social es un proceso continuo que aporta beneficios competitivos, mejora la reputación empresarial y fortalece la relación con consumidores y empleados. Su adopción no solo responde a una obligación ética, sino que es una estrategia clave para la sostenibilidad y el progreso.

4.2. Responsabilidad social corporativa y la empresa sostenible

Las **bases de la responsabilidad social corporativa** para una empresa sostenible son las siguientes:

- **Derechos humanos.** La responsabilidad social empieza con el respeto a los derechos humanos, garantizando la dignidad de todas las personas y eliminando prácticas discriminatorias dentro de la organización.
- **Impacto ambiental.** Las empresas deben reducir su huella ecológica mejorando la eficiencia de recursos, reduciendo residuos y adoptando prácticas sostenibles como el uso de materiales reciclables y sostenibles.
- **Bienestar del empleado.** Un entorno laboral positivo que promueva el desarrollo profesional, la seguridad y el equilibrio personal es clave para la productividad y la lealtad de los empleados, mediante programas de formación y salud ocupacional.
- **Desarrollo comunitario.** Las empresas deben contribuir al desarrollo local mediante la creación de empleo, inversiones en infraestructura y apoyo a iniciativas educativas o proyectos comunitarios.
- **Gestión ética y transparencia.** Las organizaciones deben actuar con integridad, adoptando códigos de conducta y publicando informes de sostenibilidad para generar confianza entre consumidores e inversores.

◉ EJEMPLO

Un ejemplo de RSC en acción es el caso de un fabricante de refrescos que filtra y purifica el agua en sus plantas, mejorando la calidad del recurso retornado al sistema natural. Esta práctica no solo mejora la imagen pública de la empresa, sino que también contribuye positivamente al medioambiente.

4.3. Objetivos y gestión de la responsabilidad social corporativa en las organizaciones

Los objetivos de la RSC buscan alinear las operaciones de una empresa con las expectativas de sus partes interesadas, generando beneficios tanto para la organización como para la sociedad. Entre los principales **objetivos** destacan:

- **Incrementar la lealtad del cliente:** los consumidores prefieren empresas con un compromiso real con el medioambiente y la sociedad.
- **Aumentar la fidelidad del empleado y atraer talento:** un entorno laboral ético y equitativo fomenta la retención y la captación de profesionales.
- **Mitigar riesgos y cumplir regulaciones:** cumplir con las normativas evita sanciones y posiciona a la empresa como líder en sostenibilidad.
- **Fomentar la innovación y la competitividad:** la búsqueda de soluciones responsables impulsa mejoras en eficiencia y procesos.
- **Contribuir al bienestar social y ambiental:** más allá del beneficio corporativo, la RSC busca un impacto positivo en la comunidad y el entorno.

Para implementar la RSC de manera efectiva, las empresas deben seguir un enfoque estructurado:

- **Evaluación y diagnóstico.** Identificar áreas prioritarias mediante un análisis del impacto social y ambiental.
- **Desarrollo de políticas y procedimientos.** Crear lineamientos claros para garantizar la coherencia en la aplicación de la RSC.
- **Integración en la cultura corporativa.** Promover valores de sostenibilidad dentro de la empresa para que guíen el desempeño diario.
- **Formación y sensibilización.** Capacitar a los empleados para generar un compromiso real con la RSC.
- **Monitoreo y evaluación.** Establecer métricas y mecanismos de seguimiento para medir avances y mejorar estrategias.
- **Comunicación y transparencia.** Informar a las partes interesadas sobre los resultados de la RSC refuerza la credibilidad y genera confianza.

En definitiva, la RSC es un proceso continuo de mejora y adaptación. Definir objetivos claros y estrategias bien estructuradas permite a las empresas no solo cumplir sus metas de sostenibilidad, sino también contribuir a un mundo más equilibrado y justo.

 TAREA 2

Alberto, director de sostenibilidad de Tecnologías X, se enfrenta al reto de mejorar la gestión de residuos electrónicos y reducir el consumo energético en la empresa. Su tarea es implementar un enfoque integral de RSC que abarque tanto la sostenibilidad ambiental como el bienestar social. ¿Puedes ayudar a Alberto con su tarea?

----

5. Resumen

La sostenibilidad es fundamental para el desarrollo organizacional, promoviendo un entorno laboral que minimiza su impacto ambiental y fomenta una cultura responsable. La unidad de aprendizaje *Implementación de buenas prácticas en la actividad profesional para reducir el impacto ambiental* tiene como objetivo desarrollar competencias para mitigar el daño ecológico, integrando prácticas sostenibles que optimicen procesos y reduzcan la huella ecológica.

Las principales áreas de acción son:

Optimización del consumo energético
- Uso eficiente de la energía para reducir costos y emisiones de gases de efecto invernadero.

Gestión del agua
- Uso racional del agua para garantizar su disponibilidad futura.

Continúa en página siguiente >>

<< Viene de página anterior

Revalorización de residuos
- Reutilización y reciclaje de materiales para minimizar el impacto ambiental.

Reducción de envases y huella ecológica
- Uso de materiales sostenibles en el ciclo productivo.

Cálculo de la huella ambiental
- Identificación de áreas críticas para implementar mejoras ambientales efectivas.

Gestión de residuos peligrosos
- Prevención de contaminación mediante el manejo adecuado de materiales tóxicos.

La educación y la concienciación de los trabajadores son claves para el éxito de las estrategias sostenibles. Promover una cultura corporativa comprometida con el medioambiente maximiza la efectividad de estas prácticas y facilita su integración en el día a día.

Las estrategias para reducir el impacto ambiental son:

Reducción de la contaminación y tratamiento de aguas residuales	**Ecodiseño**
- Implementación de procesos ecoeficientes para evitar daños ambientales.	- Creación de productos y procesos con menor impacto ambiental desde su concepción.

Sistemas de gestión ambiental y RSC

- Incorporación de estándares internacionales para institucionalizar las buenas prácticas.

La responsabilidad social y la implementación de estrategias ambientales en el ámbito profesional son esenciales para equilibrar el desarrollo económico con el cuidado del planeta. Adoptar prácticas sostenibles no solo mejora la eficiencia y la reputación corporativa, sino que también impulsa un futuro más justo y ecológico.

Ejercicios de autoevaluación
Unidad de Aprendizaje 2

1. **¿Cuál de las siguientes estrategias no contribuye directamente a la reducción del uso de papel en entornos laborales?**

   a. Fomentar la impresión a doble cara para optimizar el uso de recursos.
   b. Establecer un sistema de almacenamiento digital para archivos y documentos.
   c. Promover el uso de papel reciclado en las impresoras.
   d. Reemplazar las impresoras por equipos que solo imprimen en color.

2. **De acuerdo con las mejores prácticas para la optimización de la luz natural en espacios de trabajo, ¿cuál de las siguientes afirmaciones es incorrecta?**

   a. Las superficies reflectantes en paredes pueden aumentar la eficiencia de la luz natural.
   b. La reorganización del mobiliario para que se aproveche la luz directa puede reducir el consumo de energía.
   c. Los sistemas de luz inteligente deben ajustarse solo en función de la luz natural disponible sin tener en cuenta la ocupación del espacio.
   d. Las ventanas de piso a techo pueden contribuir significativamente a maximizar la entrada de luz natural.

3. **Indica si la siguiente oración es verdadera o falsa: "La implementación de políticas de impresión consciente ayuda a reducir el desperdicio de recursos, como tinta y papel, en el entorno laboral".**

   ■ Verdadero
   ■ Falso

4. En relación con los envases sostenibles, ¿cuál de las siguientes afirmaciones es correcta?

    a. Los envases diseñados para el reciclaje deben evitar el uso de materiales complejos que dificulten su procesamiento.

    b. La reutilización de envases, como botellas retornables, no tiene impacto en la reducción de residuos plásticos.

    c. La selección de materiales sostenibles no tiene un impacto importante en la reducción de la huella ambiental.

    d. El diseño modular de los envases no mejora la eficiencia en el transporte ni la sostenibilidad.

5. ¿Cuál de las siguientes acciones en el manejo de residuos peligrosos es más eficaz para evitar impactos ambientales negativos?

    a. El tratamiento de residuos peligrosos mediante incineración no requiere ninguna medida preventiva adicional.

    b. La sustitución de materiales peligrosos por alternativas más seguras y la implementación de sistemas de reciclaje.

    c. El almacenamiento de residuos peligrosos en áreas abiertas sin medidas de protección.

    d. El transporte de residuos peligrosos sin seguir las regulaciones específicas de seguridad.

Glosario

Agenda 2030 para el Desarrollo Sostenible
Plan de acción adoptado por la ONU en 2015 que establece 17 Objetivos de Desarrollo Sostenible (ODS) para erradicar la pobreza, proteger el planeta, y garantizar la paz y la prosperidad para 2030.

Auditoría medioambiental (AMA)
Instrumento de gestión que comprende la evaluación sistemática, documentada, periódica y objetiva de la eficacia de la organización respecto a su sistema de gestión medioambiental y los procedimientos destinados a ello.

Biodiversidad
Pluralidad de especies animales y vegetales de un ecosistema.

Benchmarking
Estudio detallado sobre los competidores de una empresa que implica analizar sus estrategias y mejores prácticas para identificar oportunidades y amenazas en el mercado.

Cambio climático
Aumento de las temperaturas globales debido a la acumulación de gases de efecto invernadero en la atmósfera, principalmente causada por la quema de combustibles fósiles y la deforestación.

Crowdfunding (financiación colectiva)
Forma de financiación en línea que permite obtener fondos sin necesidad de intermediarios financieros como bancos.

Economía circular
Representa la totalidad de emisiones de gases de efecto invernadero (GEI) que se producen, tanto directa como indirectamente, por personas, empresas, productos, eventos o regiones, y se expresa en términos de CO_2 equivalente.

Eficiencia energética
Capacidad de obtener los mejores resultados en cualquier actividad utilizando la menor cantidad posible de recursos energéticos.

Global Reporting Initiative (GRI)
Conjunto de estándares para la elaboración de informes de sostenibilidad, utilizados por empresas e instituciones para comunicar su desempeño económico, social y ambiental de manera transparente y comparable.

Huella de carbono
Indicador ambiental que mide la totalidad de gases de efecto invernadero emitidos de forma directa o indirecta por un individuo, organización, evento o producto.

ISO
International Organization for Standardization u Organización Internacional de Normalización. Es una organización internacional independiente y no gubernamental.

Medioambiente
Entorno que rodea a los seres vivos, incluyendo los elementos físicos, químicos, biológicos y sociales que interactúan entre sí y que influyen en la vida en la Tierra.

ODS
Objetivos de Desarrollo Sostenible (ODS), también llamados objetivos globales, fueron establecidos por las Naciones Unidas en 2015 como una iniciativa global para erradicar la pobreza, proteger el medioambiente y asegurar que, para 2030, todas las personas puedan vivir en paz y prosperidad.

Pacto Global de la ONU
Iniciativa voluntaria que promueve la adopción de principios universales en derechos humanos, estándares laborales, medioambiente y anticorrupción en las estrategias y las operaciones de las empresas, fomentando un desarrollo sostenible y ético.

Política medioambiental
Dirección general de una organización respecto de su comportamiento medioambiental, expuestas oficialmente por sus cuadros directivos, incluidos el cumplimiento de todos los requisitos legales aplicables en materia de medioambiente y el compromiso de mejorar de manera continua el comportamiento medioambiental.

RSC

Responsabilidad social corporativa (RSC) o responsabilidad social empresarial (RSE), hace referencia al compromiso que las empresas e industrias asumen hacia el medioambiente y la sociedad en la que operan, promoviendo prácticas sostenibles y éticas.

Sistema de gestión medioambiental

Parte del sistema general de gestión que incluye la estructura organizativa, las actividades de planificación, las responsabilidades, las prácticas, los procedimientos, los procesos y los recursos para desarrollar, aplicar, alcanzar, revisar y mantener la política.

Sostenibilidad

Capacidad de satisfacer las necesidades presentes sin comprometer la capacidad de las futuras generaciones para satisfacer las suyas, equilibrando el bienestar ambiental, económico y social.

Bibliografía

Textos electrónicos, bases de datos y programas informáticos

→ Agenda 2030 para el Desarrollo Sostenible de la ONU, de: <https://www.un.org/sustainabledevelopment/es/>.

> Detalle completo de la Agenda 2030 y los 17 Objetivos de Desarrollo Sostenible (ODS) en el sitio oficial de la ONU.

→ Cambio climático y desarrollo sostenible, de: <https://www.ipcc.ch/>.

> El Panel Intergubernamental sobre Cambio Climático (IPCC) proporciona informes y estudios exhaustivos sobre el cambio climático.

→ ISO 26000: Guía sobre Responsabilidad Social, de: <https://www.iso.org/iso-26000-social-responsibility.html>.

> La Organización Internacional de Normalización (ISO) ofrece un estándar sobre la responsabilidad social de las organizaciones, incluyendo principios de sostenibilidad.

→ Ministerio para la Transición Ecológica y el Reto Demográfico, de: <https://www.miteco.gob.es/es/calidad-y-evaluacion-ambiental/temas/economia-circular/estrategia.html>.

> En el portal del ministerio, se proporcionan recursos, noticias y leyes relevantes sobre la economía circular, así como las iniciativas que España está tomando para fomentar este modelo económico.

Normativa

→ ISO 26000: Responsabilidad Social

> Guía internacional que proporciona principios y recomendaciones para que organizaciones de cualquier tipo implementen prácticas de responsabilidad social de manera ética y sostenible, considerando el impacto en sus grupos de interés.

→ ISO 14001: Sistema de Gestión Ambiental

Norma internacional que establece un marco para que las empresas desarrollen sistemas de gestión ambiental eficaces, mejoren su desempeño ambiental y reduzcan su impacto ecológico cumpliendo con las regulaciones vigentes.